自殺しないための99の方法

川崎昌平
Kawasaki Shouhei

99 Ways to Keep You away from Suicide

一迅社

はじめに

20代のある時期、私は毎日のように自殺について考えていました。自分の手で自分を殺す可能性を、ひたすらに想像していたのです。しかし、一方で私のなかには、死にたくないという切実な願いも確かにありました。その葛藤のなかで、どうすれば自殺という未来を選ばずにすむかを、私はあがきながら思考し、実践しました。本書は、その過程で生まれた行動と思考を、方法論としてまとめたものとなります。私の思想と実体験に基づくものでしかありませんが、たとえ一部でも、この本を手にとってくださった方に強く生きるための思考のようなものを届けられたら、こんなに嬉しいことはありません。

川崎昌平

もくじ

第 1 章

自殺する可能性を遠ざける

■あきらめるといろいろと見えてくる

01

あきらめる

無茶な目標や高すぎる理想は、心を疲れさせます。ちょっとやってみて、少しでもムリだと感じたら、あきらめる。それが心を軽くするコツです。最初から「無茶をしない」という態度でもかまいませんが、それはそれで「チャレンジしない意志」が必要となり、それなりに精神力が求められます。ですから、まずは軽い気持ちで挑んでみて、その上であきらめるようにしてみましょう。

■断るのも優しさ

02

断る

心理的プレッシャーから逃れるための最善策は断ること。相手からのお願いに対して、へたに期待をもたせず、また、ムダに労力を割かずにすむよう、できるかぎりすみやかに断ることを心がけましょう。伝えるときは、自分の能力不足を第一の理由として、申し訳なさそうに、かつ素早く、ムリであることを主張しましょう。

■頭なんかいくら下げても減らない

03

頼る

とはいえ、逃げられない仕事や、困難なミッションが襲いかかってくる事態は、生きていると避けられません。そんな状況に陥ったら、すぐに周囲の人間を頼るようにしましょう。自分にはできないと認め、頭を下げて「助けてください」とお願いする。自分の能力が目の前の仕事に対して不足していることをしっかりと認めるのがコツです。「できない自分」をデザインできれば、頼みやすくなり、ますます気楽に振る舞えるようになります。

■何もしないのも仕事のひとつ

04

見守る

周囲の人々をじっくり見守ってみましょう。あなたの尻拭いやフォローに励んでくれているかもしれない他人をしっかり見る。しばらくすると、他人とは恐れたり恨んだり妬んだりする対象ではなく、ただ単に一所懸命に生きているだけの人間だという現実に気づきます。もう少し観察すれば、彼らにとってあなたがこれといって特別な存在ではない事実も発見できるでしょう。みんな、自分に必死。なので、あなたものんびり自分にかまけていればよいのです。「自分の中の他人」を大きな存在にしないこと、これが自殺を避けるための単純な方法のひとつです。

■ これほど成果が視覚化される仕事もない

05

トイレ掃除を申し出る

みんなが使う場所ですし、モノがモノですから汚いのが当たり前。つまり、他の場所よりも綺麗になる実感が得やすい掃除エリアということです。もし「仕事が全然できない……組織にいる意味あるのかな」と思ってしまうような精神状態が続くようなら、やってみましょう、トイレ掃除。簡単に組織に貢献できる第一歩。自信もつきますし、みんながあまりやりたがらない行為ですから、「みんなのために犠牲になる自分」を演出しやすいメリットもあります。

■気まぐれが心を軽くする

06

お花を買う

ちょっとした変化やわずかな刺激が、テンションを上げることはよくあります。試しに花でも買ってみて、一輪、机に飾ってみましょう。何かがガラリと変わるわけではありませんが、その日だけでも新鮮な気分に浸れることは請け合いです。生きていることは退屈と隣合わせ。わずかな投資でその退屈を紛らわせるチャンスがあるなら、やってみる価値はあります。

■「気まぐれ」に責任を覚える必要はない

07

お花を枯らす

買ったお花は、特にきちんと手入れしようなどと思い込む必要はありません。気分転換のために買ったのですから、あなたの気分次第で枯らすのもおおいにけっこう。むしろ枯れて滅んでいくプロセスをぼけっと眺めながら、「生きていること」の意味を考えたりしてみるのも悪くないかもしれません。いずれ滅びるのだと悟れば、「一花咲かせてみようかな」という気分になれる可能性だってあります。

■覚えられないことは忘れてもよい

08

極力メモをとらない

メモをとると、その後の行動がメモに左右される事態が生まれます。紙切れに記したつまらない一文に未来が束縛される……しかも自分の手によって。こんなバカらしいことはありません。忘れないためにとることもありますが、メモをしないと忘れてしまうようなことは、所詮、忘れても差し障りがないようなことなのです。仮に重要なメモだったとしても……忘れるぐらいが人間、ちょうどいい。心理的プレッシャーに対して普段から無縁でいるためにも、メモはとらない、残さない。

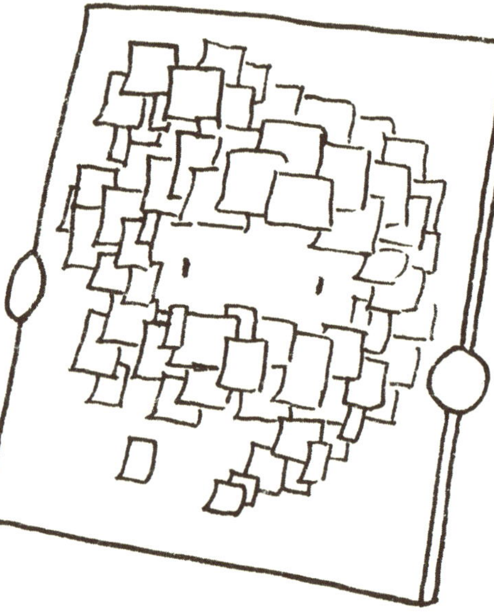

■「大事なこと」が心を重くする

09

なるべく付箋を貼らない

付箋は心に貼れ。ベタベタとカラフルな紙切れが視界に並ぶと、気が滅入ります。あの程度の紙面積に記せる内容なら、特に努力せずとも覚えていられますし、覚えきれないぐらいの量の付箋があふれるならば、そもそも働き方がおかしいのかもしれません。増えれば増えるほど心の疲れを拡大させるのが付箋です。できるかぎり使わないように注意しましょう。

■形あるものが崩れていくのを楽しむ余裕

10

シュレッダーは一枚ずつかける

ズタズタに裁断され、細切れにされ、ボロボロの紙くずにされていく……。どんな紙切れにせよ、それはある程度の時間や労力が割かれた結果。過去が無に帰していく瞬間をじんわり楽しむためにも、複数枚を一度にかけたりせず、一枚ずつ丁寧にシュレッダーにかけましょう。シュレッダーなら身体を傷つけることなく、まるでリストカットのような自傷的な感覚を味わえます。

■お腹を壊さないように

11

たくさん水を飲む

水分は多めにとるように心がけましょう。口に何かを含んでいれば、しゃべる必要もありませんし、何より口に飲み物を運んで飲むという動作の反復が、仕事をする時間を（小刻みにですが）奪ってくれます。

■小刻みな休息を積み重ねていく感覚

12

頻繁にトイレに立つ

たくさん飲んだらたくさん出す。尿意は生理現象ですから、我慢せずどんどんトイレに行きましょう。トイレに立つ頻度が高ければ高いほど、気分転換がたくさんできていると考えてください。ちっとも仕事に集中していないように思われますが、それくらいでいいんです。集中にはメリットもありますが、反面、疲れもたまりやすくなります。「集中しすぎても身体に毒」なのです。

■ だいたい「大丈夫」である

13

「大丈夫だよ」と口にする

納期やら締切やらが迫ってくると、とかく人は慌てたりいらだったりと、やたらとギスギスするもの。ですが、決してそんな空気に巻き込まれないように、普段から「何事にも動じないキャラ」を演じるようにしましょう。常に楽観的観測を口にして、心配事などまるでないかのように振る舞えば深刻な雰囲気に飲まれずにすみます。周囲に対して、いや、誰より自分に「大丈夫だよ」と言い聞かせるのです。嘘も吐き続ければ、いつしかそんな気になります。「大丈夫」を連呼しましょう。

■わからないことをわかることが幸福を育てる

14

「わかりません」と口にする

実際、わからないことばかりです、生きていると。ですので、はっきり「わかりません」と宣言しましょう。周囲には呆れられるかもしれませんが、気にしない。仕事をしたり勉強をしたりするうちに、いつかきっとわかるようになります。逆に、本当はわかっていないのに「わかりました」と口にしてしまうと、他人に迷惑をかけるばかりか、不用意に自分を追い詰めてしまうことにもなるのでとても危険です。

■前もって知っている失敗には価値がある

15

プレゼンでは あえて欠点を露わにする

大事なプレゼンほど、自分（と自分の企画）の欠点をしっかり相手に伝えましょう。「ここがダメなんです」とアピールできれば、周囲の期待をムダに煽ることもありません。むしろ地に足ついた思考の持ち主と認めてもらえるかもしれませんし、そこまではムリだとしても、期待されないので、気楽に動くことができます。

■食べるときぐらいは利便性を求めたくない

16

お昼はコンビニに行かない

お昼のコンビニは行列しますよね、たいてい。わざわざ「混雑する集団の一員」という役割を果たしてまで、それほどおいしくもないご飯を買う必要はありません。自分だけの時間を得るためにも、お昼は大切にしましょう。無意味に豪華なものを食べる必要もありませんが……自分だけの空間や時間を得られるごはん処を探してみるぐらいのことはしてもいいかもしれません。

■ルーチン化する食事は日常から輝きを奪う

17

社食（学食）は使わない

昼飯ほど効果的な気分転換もないというのに、そんなときまで同じ環境に身を置くなんて愚の骨頂。せめてさっきまでいた空間と同じ建物から身体を脱出させるぐらいはしましょう。最近はごはん処も多いですからね。休み時間が許すギリギリの範囲で会社から遠くまで出かけてご飯を食べると、食べる前から妙な充足感にひたれます。

■ 食後の休憩こそが一日で一番大切な時間

18

食べ終わっても
すぐ会社（学校）に戻らない

ゆっくり食べて、食べ終わったあとものんびり過ごす。これが正しいお昼休みの使い方。遊んだり本を読んだり買い物をしたり……とにかく仕事などのやるべきこととは関係のないアクションに取り組みましょう。間違っても急いで職場に戻らないこと。どれだけ忙しくてもお昼休みは聖域。心の安寧を自らせばめることはしないでください。

■知らない道を歩く快感

19

散歩をする

食後は散歩がオススメ。忙しさに忙殺されているだけでは、決して気づかない世界が、会社からすぐ近くにもきっとあります。それらを発見することは、疲れ気味の思考をやさしくほぐしてくれるでしょう。散歩をするクセができたら、間違っても「まいにち家と会社（学校）の往復かあ」なんてことは言えなくなるはずです。

■相手もそれほど焦ってはいない

20

メールの返事は一呼吸置く

すぐに返信しないこと。本当に相手が急いでいるようなら電話をくれるはずですし、なんてことのないメールなのに急いで返事をしてしまうと、途端に「慌ただしいムード」が沸き立ちます。ですから、そうならないように小さなことからコツコツと「スピーディーな空気」を消していくのです。

■相手も早く終わって欲しいと願っている

21

メールは終わらせる

だらだらやりとりを繰り返さないこと。相手のことを考えて文章を練るのはしんどいものですし、時間もかかります。知りたいことを教えてもらい、伝えたいことをわかってもらえれば、メールの役目はじゅうぶん果たせています。最低限の言葉数で、必要な情報の授受を行い、相手がそれ以上何かを言うのを遮る……これが理想です。ちょっと練習が必要ですけどね。

■ 自己顕示欲の芽は小さなうちから摘んでおく

22

Facebookはやらない

Facebookに限りませんが、SNSの類には極力手を出さないこと。何かのしがらみでやらねばならないタイミングも訪れますが、アカウントを用意するぐらいでごまかしておいて、あとは放置が吉。ネット空間であっても、他人を意識したとき、自分の否定がはじまります。現実世界だって他人と関わらざるを得ない側面が生まれるというのに、わざわざネットにまでそれを増やす必要はありません。一人の時間と空間こそが心を守ります。

■私の「今」にそれほどの価値はない

23

Twitterもやらない

つぶやいてどうするんです？ 気づいてほしい、反応してほしい、見てほしい……そんな風に思ってしまったら、もう弱くなる自分から逃げられません。世間や他人がどうであれ、あなたには関係ない。自分は自分である、というスタンスをつくらなければ自殺の誘惑を振りほどけないわけですから、世間との弱いつながりを生み出しすぎる世界には、関わらないほうが無難です。

■抱えているものの重みがわからないうちは無言が無難

24

報告は間を置く

特にミスをしでかしたときなどは、すぐに報告してはダメ。焦りが生まれ、事態を悪化させます。まず、やらかした内容をよく吟味し、なぜやらかしたのか、どのくらいヤバイのか、どうすれば事態を収拾できるかをのんびり考えます。その上で、ちっとも打開策が浮かばなかったとき、はじめて上司なり同僚なりに報告しましょう。枕詞は「あの、すみません……」で決まり。

■急いで連絡するとかえって仕事が増える

25

連絡は間を置く

例えば遅刻しそうなときなど、急いで会社や先方に連絡などしてはいけません。物事なんて、たいてい予定通りに運ばないもの。人身事故で電車が止まってしまう事態をあなたが防げるかと言えば、答えはNO。つまり、あなたの意志でコントロールできることなど、社会には、世の中には、人生には、それほど多くないのです。その現実を噛みしめるためにも、連絡はあえて間を置いてやってみましょう。実践するとよくわかります、連絡を遅くしたところで体勢に何も影響がないことが。枕詞は「あ、そういえば……」でOK。もし「もっと早く言え！」と怒られたら、喜びましょう。あなたの行動に影響力があることを示すわけですから。

■頻繁な相談は相談ではなく思考放棄

26

相談は間を置く

仮に困っていることを誰かに打ち明けたいと考えたとして、すぐに相談しようとするのは愚策です。もっともっと困って、身動きがとれないような状況になってから相談するようにしましょう。その段階になるとさすがに周囲も「あー、あいつ困っているなあ」と気づくと思いますから、相談を受ける側も本気になってくれます。枕詞は「ところでご相談が……」と直球気味に。くれぐれも軽い気持ちで相談してはいけません。相談は相手を巻き込まないと意味がありませんから。

■どこにあるかはわからないがどこかにはある

27

書類は捨てない

書類を捨てると机の周りがすっきりします。ですが、この「すっきりした状態」が案外危険なのです。身の回りに生まれた空白地帯は、あなたに新たな行動を要求します。すると変に気分がたかぶったり、何かをやろうともがいてしまったり……心が落ち着かなくなります。整理整頓は諸刃の剣。もちろん仕事や勉強の効率化にもつながりますが、効率のために平穏を犠牲にするのも考えものです。

■慎重さが大事と言い聞かせて

28

外回りは一時間早く出社する

早め早めの心がけ……というわけではなく、単純に会社にいる時間を極力減らすための戦術です。たっぷり休憩をとってもよし、本屋をうろついたりするのも悪くありません。ぶらぶら知らない街を散策するだけでも何かしら発見があったりするものです。出先でのミッションが面倒くさいものだったりする場合などには、その発見が、新たなアイデアのタネになるかもしれません。電車の時刻表などを調べてギリギリのタイミングで出社するようだと、気が急いて、ミスなどやらかしてしまう可能性もありますからね。

■出先の自分を反省しようと言い聞かせて

29

外回りは一時間遅く帰社する

なんならそのまま帰宅してもよいでしょう。いずれにせよ、大急ぎで帰社するような真似だけはやめるべきです。出先で面倒な展開になったら喫茶店などで少し考えを整理してもよし、特に何も起こらなければ、平和な日常を噛みしめるべくぶらぶら街をうろつきましょう。会社にいる時間を可能な限り減らしていく。この心がけが重要です。

■ それほど中身のない発言だったとしても

30

ゆっくり話す

言葉を急ぐと、かえって言葉数が多くなり、伝わらない雑な言葉ばかり吐いてしまうことになります。まさに精神力の浪費。話さなければならない場面では、ゆっくりポツポツと話すようにしましょう。早口でまくしたてるよりも、相手は耳を傾けてくれるものです。ゆったり話そうとするその間に、思考をうまくまとめることだってできます。

■聞こえないほうが平和

31

聞いていなかったことにする

聞こえていても聞こえないフリ。不用意に周囲の会話に参加しないための導線です。大事な話は聞き逃してはいけませんが、どうでもいい会話にムリをして参加する必要はありません。特に「他人が繰り広げる日常会話」は危険です。聞いてしまうと、面倒な人間関係に巻き込まれてしまいます。適当に聞き流すようにしましょう。

■だいたいみんな、優秀である

32

他人の仕事に感心する

周囲の人間を軽蔑してはいけません。彼らは不平や不満はあるかもしれないけれど、自殺しようとはせずに、きちんと社会に適応している人々ですから、尊敬しましょう。コツは他人の仕事を細かく見ること。他人には必ず自分よりも優れたところがあるはずです。それを素直にすごいと思いましょう。他人を認められれば、「みんな立派だから、自分はダメでも大丈夫だな、世界は」という具合で、自分へのプレッシャーが減るのです。

■ 刺激は無関心を土壌にして育つ

33

興味のない
ジャンルについて調べる

敵はルーチンワーク。毎日の決まりきったサイクルに飲み込まれた瞬間、気分は落ち込みます。同じような仕事の繰り返しであったとしても、たまには違うところへ視線を向けてみましょう。興味のないジャンルを調べてみて、世界が広いこと、自分の悩みがさして大きなものではないことを知ると、心の重荷が軽くなることがあります。例えば新聞などを端から端まで読んだりすると、「まったく興味がなかったこと」がたくさん見つかります。

■ネットで出会う「数字」は無視してよい

34

ネットの情報に踊らされない

リサーチし、自分の狭い視野を広げてみるのは重要ですが、ネットを使うのはオススメしません。ネット上に多々ある比較のための情報──年収、容姿、学歴、ライフスタイル──に触れすぎてしまうと、すぐに自分と他人を比べてしまいます。比較こそが自殺しそうな心に悪影響を与える、一番の毒です。人は人、私は私と言い切るために必要なのは、自分の足と目を使って得た情報です。自分の狭い世界を広げられるのは向こう三軒両隣の現実空間です。ネットではありません。リアルの空気のなかにある、平均化、数値化されていない情報ならば、自分の鏡とするのもよいでしょう。それらの価値判断は自分でできるため、責任を自分で背負えます。ネットにある誰かが用意した価値基準を信じてしまうのが、心を弱めていくのです。

■どうせまたすぐに次の「大切なこと」がくる

35

「大切なこと」を適当にやる

勉強や仕事といったような、わかりやすい「大切なこと」は、たいがい「客観的な正しさ」をもちます。ということは、突き詰めればそれらは「誰かが決めた大切さ」でしかないわけです。でも、よく考えてください。自殺しそうなあなたが明日生きていること以上に「大切なこと」が、あなたにとってあるでしょうか？ あなたが生きていられるなら、会社の仕事も学校の勉強も、どれだけ無視しても構いません――とはいえ、お給料をもらっている以上、何もしないというのも多少は気が引けます。折衷案として、適当にやるようにしましょう。よほどのことではない限り、ルーチンワーク化されている会社のミッションなんて、適当にやっていても、それなりにどうにかカタチになるものです。

■「全力」の肌感覚を失わないために

36

「簡単なこと」を全力でやる

例えばコピー。誰がやろうと同じ結果になるのが当たり前の、とても「簡単なこと」ですが、これをあえて全力でやってみましょう。手際よくコピーしたり、両面印刷や拡大縮小などの機能を駆使して紙のムダを減らしたり。簡単なアクションだからこそ、全力でやりきった充足感だけが残ります。誰も評価してくれないでしょうが、それで構いません。がんばって生きている実感を、日常のささいなことから得るのが目標です。がんばる場所が違うと指摘されても気にしない。集中力が枯れていないことを確認する狙いもあります。

■誰もが失敗しないであろう行為こそが大敵

37

「無難なこと」を慎重にやる

働いていると、さして会社の業績に影響を与えないけれど必ずやらねばならないこと、という種類の業務に遭遇します。例えば報告書の提出とか。めんどうな作業ですが、しかし、サボるわけにもいきません。無難にやってあたりまえ、でもやらかすと怒られたり評価が下がったりするミッションは、慎重にやるようにしましょう。つまらないことでつまらないケチをつけられる……これが一番つまらない。逆に言えば、しっかり無難にこなせば自信がつきます。日常の中の小さな棘で心に傷をつくらないように、石橋を叩いて渡るぐらいの慎重さで「無難なこと」を仕上げましょう。

■跳び越えられない未来を想像してから跳んでみよう

38

あえて失敗する

失敗したらどうしよう——そんな風に将来の結果にあれこれ不安を抱く暇があったら、目の前の困難な現実に挑戦してみましょう。挑戦するときは「失敗するだろうな」程度の心持ちで大丈夫——きっと失敗するでしょうから。それを繰り返していったとき、初めて生きる自信みたいなものが身につくようになります。

■ 後先考えず「やります！」と宣言する快感

39

失敗を楽しむ

意図的な失敗のメリットは、責任を自分のものにできること。人のせいにすることなく、自分で責任を背負うことができるのです。失敗という経験は、いろいろなものを見せてくれます。能力の限界、周囲の視線、変化の契機……どれもソツなく生きているだけでは手に入らないものばかり。それらをゲットできれば、古い思考を脱ぎ捨てられる可能性が生まれます。ですから、どんどん挑戦して、どんどん失敗しましょう。ミスした数だけ今の自分から変われるのだと思えば、失敗も楽しくなります。

■笑ったところで何も改善しない……だから笑う

40

困ったら笑う

笑いを向ける対象は自分です。他人に微笑む暇があったら、窮地に陥った自分をかんらと笑ってみましょう。気が楽になります。そんなにたいしたことかと笑い飛ばすもよし、ダメ具合を呆れ笑うもよし、とにかく自分を笑いましょう。苦しいときに苦しい顔をすると、本当に苦しくなります。

■笑えばたいていのことは忘れられる

41

笑って帰る

帰るときは笑って「お先に失礼します！」。何がおかしいんだと周囲に訝しまれるぐらいがちょうどいいかもしれません。そそくさと職場をあとにしてはダメ。堂々と胸を張り、スマイル定時退社。残っている人に「何かお手伝いしましょうか？」などとわざとらしく聞く必要もありません。気が利かなくていい。帰りたくなったら帰ればいいのです。朗らかにニコニコしていれば、周りも何も言いませんし、申しわけない気分にもなりません。

■谷底から這い上がるシミュレーション

42

ホームの階段は駆け上がる

電車に乗るとき、ホームに至る階段があるならば、全力で駆け上がるようにしましょう。ガーッとダッシュして、肉体的疲労を育ててください。自主的に疲れることができるタイミングでは率先して疲れを求めるように意識しましょう。ちょっとした運動でもご飯はおいしくなります。

■漫然と揺られるな

43

電車の中では本を読む

常に電車の中で本を読んでいると、どうなるか。毎日新しい本を買うのにもお金がかかりますから、自然と何度も同じ本を読むようになります。すると繰り返し読んでも飽きない本、再読性の高い本が欲しくなります。やがて読むたびに新鮮な気分をもたらしてくれるような、自分にとっての名著に出会えるようになります。その体験は、スマホで出会える短いニュースたちよりも、ずっと考え方を豊かにしてくれるはずです。広く浅く情報に触れるよりも、あるジャンルに特化した深堀り型の知識を得たほうが、どんな状況に置かれても自分で自分を楽しませることのできる、「退屈しない人間」に成長できます。

■家と会社（学校）の往復だけではおもしろくない

44

いつもと違う駅で降りる

見ず知らずの他人と、一時的とはいえ同じ空間で肩を並べ、同じ方向へとひた走る……気にしなければそれまでですが、そこに自分の意志をかけらも発揮できないのが電車です。巨大なシステムに飲み込まれてしまう感覚は、弱った心をいたぶります。そこにちょっとでも抵抗するために、思いきっていつもと違う駅で降りてみましょう。すると流されていた時間が、冒険に早変わり。そこから家まで歩いたり、ひと駅分ふらふらしてまた電車に乗ったり、やり方は自由自在。自分と無関係の世界をムリヤリ関係づける手段です。特にたいしたことをしているわけでもないのに「挑戦している気持ち」になれるのがポイントです。

■はやく帰ったところで何もない

45

のんびり帰る

通勤時間、特に「会社から家まで帰る時間」を、働いている時間にカウントしないこと。一日二十四時間として、通勤を労働時間に含めてしまうと、結局一日の大半を会社に拘束されていた……そんな事実が浮かび上がります。会社と家の往復でしかない生活に絶望しないためにも、せめて帰るときぐらいはのんびりしましょう。乗り継ぎ時間を調べたりせず、適当な電車に乗ったり、遠回りの経路で帰ったり、乗換駅で一服したり。さすがに疲れていたら身体のためにもとっとと帰るべきですから、いかにして日中の仕事で疲れを貯めないかが、勝負どころとなります。

■質素なメニューでもお皿の数がたくさんあると豊かな気持ちに

46

夜はたっぷり食べる

食べたいという気持ちが薄まってきたら、危険水域、自殺の黄色信号です。そうならないためにも、普段から大食漢であり続けたいと思います。大盛りがあるなら大盛りに、ライスだのなんだのがサービスでつくなら当然お願いする。定食には必ずもう一品追加で添える……そんな気構えでいれば、胃が大きくなります。大きくなればたくさん入る。充足感は意識だけでは得られない場合が多いので、ならば食べ物で得ようという考えです。特に晩ご飯はどっしり食べるようにしましょう。自炊するなら多めにつくるように意識する。たくさんつくったほうが美味しくできるものです。

■余力をすべて注ぎ込む感じで

47

自分の時間を確保する

夜は思いきり、自分の時間をアグレッシブに使ってみましょう。編み物をこさえたりサボテンの世話をしたりスムーザーでカクテルをつくったり……楽しくなくてもOKです。趣味というよりは、集中できる何かに時間を投資するイメージでしょうか。会社や学校などの集団との関わりに一日の大半を奪われたまま眠ってしまってはいけません。どんなに疲れていても「今日、自分がいた」という足跡を、自分の手でどこかに刻む。そうでないと家という自分の空間が、社会の中の単なる休憩ポイントでしかなくなってしまいます。そんな虚しさを決して覚えなくてすむように、気軽にできてそこそこ熱中できるミッションを自分自身に課すのです。

■遅刻する勇気

48

あえて遅刻する

そろそろダメかもとわずかでも思ったら、覚悟を決めて遅刻しましょう。寝坊してもいいし、途中下車してコーヒーをすするのも悪くないし、本屋でずらりならぶ書籍の背をぼけっと眺めるのもよいものです。とにかく堂々と胸を張って遅刻する。会社や学校に行きたくないという気持ちが芽生えたら、徹底的にその感情に従順になりましょう。まかり間違っても「いや、行かなければダメだ」などと自分に言い聞かせないように。ますますダメになります。これ以上がんばってはいけないラインを見定めるためにも、遅刻は必要な処方箋。大なり小なり周囲に迷惑をかけますが、自分の命のほうが何倍も大事だと言い聞かせて、歯を食いしばって遅刻しましょう。

■自分のせいにすればむしろ強くなれる

49

言い訳はしない

言い訳というのは、物事の理由を自分の意志以外に求める姿勢のことです。これに慣れてしまうと、主体性のない生き方を自分で肯定するハメになります。遅刻しても「電車が遅れて……」などと言い訳してはいけません。それが事実であるならなおさらです。自分で「私の存在は電車に左右される程度のものです」と認めていることになるわけですから。むしろそこは「遅れるようなダメ電車を選んだ自分が悪い」と思い込みましょう。どんなことであれ言い訳せず、「すべて自分のせいである」と考えると、不思議と自信が生まれます。原因が自分にあると思うだけで、なんだかすごく偉くなったような気分に浸れるものです。

■すべては生き延びるために

50

あえて無断欠勤する

もうどうしようもないと少しでも感じたら、辞める覚悟をもって会社を休みましょう。理由？ そんなもの、生きるために決まっています。もちろん「生きるために休みます」などと伝えたところで会社は理解してくれないでしょうから、言わないで大丈夫。もし「無断欠勤なんかしちゃっていいのかな」と不安を覚えるようなら、次の事実を覚えておいてください。自殺しそうなあなたが二、三日休んだところで、会社には何も影響がないということを。同僚や上司も、数分訝しんだりするでしょうが、すぐに忘れて各自の仕事に忙殺されるはず。ですから、堂々と無断欠勤をすればよいわけです。

第 **2** 章

自殺しないように身を守る

■ふらっと辞めるぐらいでちょうどよい

51

会社に行かない

あなたが会社に行かない決断をしても、気まずさを覚える必要は微塵もありません。自殺してしまってあなたの生命が絶たれるくらいなら、仕事なんて何もしなくていい。生きていること以上の利点なんてどこにもないのです。もし仮にあなたが仕事を放棄したことにより会社がつぶれてしまい、同僚や上司が露頭に迷うようなことがあったとしても、自分の命のほうが大事なのです。

■ 学校は数ある選択肢のひとつ

52

学校に行かない

あなたがもし自殺しそうな学生であるならば、今すぐ学校に行くのをやめましょう。学校はムリを押して通うほどの組織ではありません。命まで賭して学ぶほどの価値は現状の日本の教育にはないのですから。確かにみんなと同じレールを歩まないと不安はつきまといますが、よく考えてみれば、周囲と同調できないから自殺しそうなほど追い詰められている側面もあるわけです。ならばいっそのこと、そのレールから降りてみましょう。学校に行かないという、人とは違う生き方をあえて選び、自分を強くするという選択肢もあります。かなり苦しいルートではありますが、生きることは闘いです。自分を鍛えるチャンスだと、前向きにとらえましょう。

■ どうせいつか眠くなる

53

眠くなるまで寝ない

不眠症を克服するのなんて簡単。眠たくなるまで寝なければいいのです。人間も動物ですから、いつかは自然と眠くなります。そのタイミングを待つことができず、「眠らなければならない」と思い込んでしまう――それが不眠症の第一歩。「寝ないとまずい」という強迫観念に苦しめられるぐらいなら、もういっそ寝ない。読書やゲーム、アニメ鑑賞などなど、適当に時間をつぶしながら、まぶたが落ちるのを待ちましょう。

■夢の中では自殺できない

54

目覚めるまで寝る

眠くなったら寝ましょう。いつまで？ そりゃもう目覚めるまで。永遠に眠り続けるなんてことはできませんし、いつか身体は起き上がります。もちろん目覚まし時計なんてもってのほか。寝たいだけ寝てかまいません。「何時に起きなきゃ」という思い込みをしてしまったら元の木阿弥です。それに寝ている間は自殺できないものですから。

■「病名」が欲しければ行ってもよい

55

病院に行かない

病院はあなたに病名をくれます。すると、あなたは「病気になる」ことができる。会社を辞める際など、それが必要になってくるケースもあるかもしれず、病院に行くこと自体は悪いことではありません。ですが、病気になるという選択は、しっかりと病気に向き合う意志が求められ、かなりの覚悟が要求されます。もし、そうした意志がないのであれば、安易に病院へ行くべきではありません。中途半端な覚悟で病院に助けを求めてしまうと、結局病気を受け止めきれず、病気の苦しみに押しつぶされてしまいます。

■飲めば「病気」になれる

56

薬を飲まない

勘違いしている人も多いのですが、病院も薬も、努力して自分を治そうとする人の手助けをしてくれるシステムです。ですから、病気に向き合うことに自信がないうちは、救いを求めるのはかえって危険。「病気になる」ことは甘えでもなんでもなく、闘いなのだと覚えておきましょう。

■引きこもることは自分を守るための激しい闘いである

57

家から出ない

学校や会社に行かないという選択をしたところで、不安は拭えません。自責の念もつきまといます。大丈夫、それが普通の人間です。そんなときは、心を守りましょう。具体的には「外に出る」のをやめます。できる限り、家から出ないようにするのです。街の様子や行き交う人々の雰囲気を体感してしまうだけで、いろいろな情報があなたを襲います。それらと接してしまうと、例えば「こんなことをしていていいのだろうか」といった心情が沸き立ちます。そんなプレッシャーから心を守るためにも、とことん家にこもりましょう。自殺しないために必要な環境整備の第一歩です。

■ 社会との接点は排除！

58

靴と携帯電話を捨てる

家にも「外部」が顔を出してくるときはあります。筆頭格はやはり靴。学校に行くときも会社に行くときも、肉体を運んでくれたのはいつだって靴でした。次点が携帯電話。小さなアイテムのくせに、やたらと社会とあなたを接続しようとする厄介者。この二つのアイテムを思い切って捨ててみましょう。靴はサンダルや下駄など、あまり遠出ができなさそうなものが一足あれば充分。会社や友人知人からかかってくるのもかなり心を脅かすので携帯電話は完全に不要。この行為は、心穏やかに家にこもるための基礎固めなのです。

■「ありがとう」の一言が重圧から解放してくれる

59

感謝をする

会社や学校と決別し、家にこもり、さて何をすべきか。不平不満をこぼしているようではダメ。かえって眠れなくなります。あなたが急に会社や学校に来なくなったことによって……たぶん三日か、ひょっとすると一週間ぐらいは現場が混乱したはずです。なので、そのことに幾許かの申し訳無さを自覚し、感謝しましょう。「ありがたいな」、「いやぁ、悪いことしたなあ」……そんな軽い気持ちで、でも真摯に、「ありがとう」の想いを抱く。あ、でも、ほんの少しで大丈夫です。

■優秀な人たちのおかげでのんびりできる

60

自分の能力が劣っていることを認める

どうしてうまくいかない？ なんでこうなった？という自問への解答として、自分の無能を挙げてみましょう。自分の能力が劣っていたから、現状があるのだと認めてしまえば、かなり気が楽になります。それを徹底すると、不安や疑問、怒りや恨みなどもすっと消え、穏やかに毎日を過ごせるようになるはずです。

■代わりはいくらでもいる

61

自分の代替が存在することを認める

実際問題、あなたが会社や学校に行かなくなったことで、何か深刻な影響が出たでしょうか？　もしかしたら数日は混乱したかもしれませんし、いくらかは業務に支障が生まれたかもしれません。ですが、それだけのこと。やがて何事もなかったかのように組織は回り始めます。学校は毎年のように新入生が入りますし、会社も欠員を補充するべく新しい人を雇うはずです。つまり「自分の代わりはいくらでもいる」のです。となると、ムリをしてまで誰かにとって必要な人間になろうとするよりも、自分で自分を楽しませられる人間になれたほうが、賢いのかもしれません。

■決めなければ縛られない

62

決めない

能力のなさを認めた上で、さて何をするべきか……と考えてしまいそうになりますが、ダメです。重要なのは決めないこと。計画しない、時間を定めない、目標をつくらない。これが肝心です。何かを決めた瞬間、能力だったり、金銭だったり、時間だったり、さまざまな不足と出会うことになります。すると、自分を守るために必要な「何もしないという大切な時間」を愛せなくなってしまいます。

■同じ映画を何度も見よう

63

映画を見る

映画を見ましょう。どうせ時間はたっぷりあります。せっかくです、ひたすらに画面と向き合い、のんびり人類が編み出した表現の最高峰を堪能しましょう。できれば長い映画がオススメです。世界を探せば4時間を超す映画なんてザラにあります。とてつもない長時間を映画に費やすと、幸不幸はさておき、「現実にいる自分」をあまり意識せずにすみます。画面に拘束される時間が長ければ長いほどエゴを忘却できる、つまり現実に対する負の感情を抑制できるのです。

■トイレ休憩は忘れずに

64

アニメを見る

アニメを見ましょう。どうせ時間はたっぷりあります。ここでのアニメはいわゆるTVアニメーション、公共の電波を経由してある一定期間発信された映像ソースを意味します。長い映画がよいと前述しましたが、単純に尺の長さでいえばTVアニメーションに勝るものはなかなかありません。1話25分ぐらいの1クール（13話）アニメであったとしても、総尺は5時間を超えます。4クールアニメを一気に見ようと思ったら24時間あってもたりません。何やら修行の様相を帯びてきますが、そうしたアニメを「ひとつの作品」として一気に鑑賞する。あるひとつの物語を解釈しようと全力で挑む経験は、いずれ重要となる他者への理解を、ゆっくりとですが育んでくれるのです。

■自分をデータに置き換えるな

65

比べない

比較こそが現代社会の最大の罠です。情報が行き渡らなければ比べなくてすんだのに、悲しいかな、現代では知ろうとせずとも知らず知らずのうちに知ってしまう、そんなことが多々あります。年収、学歴、運動神経、容姿……社会の用意した価値基準で優劣を判定し、勝ったと思えばほくそえみ、負けたと思えば劣等感を抱く。そんなくだらないことに時間を割いても、自分は何も変わりません。比較は他者への理解ではなく、他者を鏡にしようとしているだけなのです。自分を守るためにも、比べないように生活しましょう。

■没頭できる名作を探そう

66

本を読む

映画、アニメときたら、やはり次の定番は読書でしょうか。ここでもやはり「長いもの」と接するようにしましょう。オススメは古典的名著とされるタイトル。名著は長く受け継がれて読まれるだけあって、質も量も相当なものばかり。簡単には読み終わらず、また何度も読めるおもしろさもあり、のんびりと時間を消化するにはうってつけです。重たいしかさばるし、書籍は面倒なメディアではありますが、長く愛されるだけのことはあり、心を遠くに置くにはやはり優れています。

■手を切らないように

67

タマネギを切る

家に居続けるとヒマですよね。楽しいこともそんなにない。ぼうっとしすぎて陰鬱な気分になってしまったのでは意味がありません。なので、タマネギを切りましょう。切り方はなんでもいいので、とにかく小分けにできるように。数はたっぷりあったほうがオススメ。切ったら大きめの鍋に少しだけ油をひいて、タマネギを入れたら、あとはひたすら中火〜弱火でいためます。もう繊維がほつれてタマネギの形がなくなりドロドロのペースト状になるまで火にかけます。膨大な体積のタマネギたちが小さなペーストになってしまうプロセスは、それまでの精神的疲労をぎゅっと凝縮してくれます。あまり難しいことを考えずとも没入できるところがポイントです。

■時間のかかる料理がオススメ

68

料理をする

ペースト状になったタマネギは、小分けにしてラップに包んで冷凍しておきましょう。お湯をかければ簡単にオニオンスープがつくれます。家にこもっていたら、外食は滅多なことではできませんから、長期保存が可能で簡単につくれてソコソコ美味しい料理ができるようなテクニックは必須です。また、料理をしている瞬間の意識が自殺の対極にあることもポイントです。なんと言っても料理は、食事という生きるために欠かせない行為のための作業なのですから。

■ お湯をはらなくても心は浮かべられる

69

カラの湯船に入る

気分が落ち込んだり陰鬱な感情に襲われたりするとき、人は往々にして「同じ思考の繰り返し」に陥っています。そんな状況を回避するためには、視点を変えることが大切です。手軽にできる方法は、服を着たまま、お湯をはっていないカラっぽの湯船に身体を入れてみること。暖かくもなければ濡れもしない空間で、小さな箱におさまるような感覚に浸ると、普段とは違う世界が見えてくるはず。日常のなかにある、ちょっとした行為に変化を与える作業は、自殺しない意志を育てる大事なミッションになります。

■自分だけに聞こえる声！

70

ひとりごとをつぶやく

迷っているとき、苦しいとき、人間は言葉を探してしまうものです。でもその言葉を誰かからもらおうとすると、かえって傷つき、追い詰められ、被害が大きくなる可能性があります。ですから、用意された言葉に頼ろうとせず、自分で言葉をつくりましょう。「腹減ったな」とか「そろそろ寝るか」とか、そんな程度で構いません。単なるひとりごとですが、自分一人という状況を肌身で感じられる言葉は、生きる覚悟を育ててくれます。

■ケガには気をつけて

71

片足で立つ

たまには意図的に不安定になってみましょう。寝たりご飯を食べたり映画やアニメを見たり本を読んだり……そういった生活を続けていると、やはり肉体への刺激が不足します。家にこもるのは、自殺しないための対策であって、体を弱めるのは本意ではありません。また、肉体の安定は心の隙を生みやすいもの。したがって、たまには肉体に不安定という感覚を与えて、心身を練磨しましょう。簡単なのは片足で立つこと。片足で肉体を支えてみると、自然と背筋も伸び、伏せがちだった顔も正面を向くようになります。根拠のない充足にひたれること請け合いなので、オススメです。結構しんどいですが。

■ イヤな記憶は小出しにしていく

72

日記を書く

過去を消すことはできません。昔を思い出すたびに、恥ずかしさで苦しくなったり腋からイヤな汗が吹き出したり暗鬱な気分になったり……そんな感情に襲われると、心がダメージを負います。そうならないための最適な方法は日記を書くことです。クソみたいな思い出も、イヤな出来事も、その日のうちに思い起こして客観的に記述してしまえば、割りとアッサリ「へえ、こんなこともあったんだ」と淡々と消化できます。なんてことのない描写でも、積み重なると楽しい読み物になりますし、書くことで生活にリズムが生まれるメリットもあります。

■とにかく自分と外部の距離に幅を持たせること

73

余白をたっぷりとる

日記を書くと端的に気づくのですが、家にいるだけでは「何もしていない」状態があふれかえります。もちろん、それは外部との距離がしっかりとれている証拠ですから、悪いことではありません。むしろより意識的に「何もしていない」をコントロールしてみましょう。ご飯を食べて一息ついてからお皿を洗う、映画を見終えてしばしぼんやりしてから風呂に入る、目覚めて朝ごはんの準備をするまでちょっと間を置く……日常の余白を大事にすれば、ゆっくり生きることができます。焦燥感に苛まれる気分ともおわかれです。

■描きたいものなどなくても平気

74

絵を描く

絵を描くのは難しいものです。余白が大事と前述しましたが、描き始める前の絵は、余白どころか真っ白です。何もありません。その空白を自分なりの世界として完成させるには、想像力が大切になります。こうしたらどうなるか、ああしたらどう見えるか……プロセスと結果をイメージしないと、絵は描けません。だからこそ、家にこもり続けた結果鈍ってしまった客観性を鍛え直すトレーニングになるわけです。うまく描けなくても気にしない。自分の目に自分の思考がどう映るかを確認する作業として、チャレンジしてみましょう。

■描く瞬間、描こうとしていたものが消える

75

利き手を描く

右利きであれば筆は右手で持つわけですが、では、もしその右手を描こうとするならばどうすればいいでしょうか？　鏡に映った左手を見たり右手の写真を撮ってそれをお手本としたり、いろいろ手段はあるのですが、ここは簡便な手段に頼らず、素直に右手で右手を描きましょう。右手をよく見て、記憶が鮮明なうちに右手を動かし右手を描き、ちょっと描いたらまた右手を見る。この繰り返しで描くのです。「見ること」と「見た結果を表わすこと」がゆるやかに融和していく時間はクセになります。「自分がどう見られているか」と「自分をどう見せようとするか」を並行して理解できる簡単なトレーニングにもなります。

■疲労は日常への投資

76

腕立て伏せをする

たまには疲れましょう。家にこもっていると特に肉体は疲労を忘れがち。目標を持ってトレーニングをする必要はどこにもありませんが、同じ姿勢で映画を見続けていたり、ずっと読書に夢中だったりすると、主に首周りの筋肉が鈍くなるような気になります。ですので、腕立て伏せ。肩が重たい感じなども解消できます。

■つながらない快感！

77

ネットに触れない日をつくる

何もすることがないとふとネットにアクセスしてしまう……時間つぶしには最適なメディアが現代のインターネットなのかもしれません。しかし、与えられる娯楽として楽しむだけならともかく、知らなくてもよい情報に触れてしまうのは危険です。大量の情報の中に、他人が用意した価値基準が混ざっているからです。それを飲み込んでしまうと、「このままでいいのかな」とか「どうすればいいんだろう」とか、不安が高まり、落ち着かなくなり、苛まれる日々がまた復活してしまいます。心の平穏をわざわざ情報で脅かす必要はありません。たまにはネットに触れない日をつくりましょう。

■空だって飛べるさ

78

妄想を楽しむ

時間つぶしの娯楽が欲しければ、自分でつくりましょう。漫画を描いたり小説を書いたりするのもチャレンジとしておもしろいですが、一朝一夕にできるものでもありませんから、まずは妄想を楽しむところから。もっとも、やるとわかりますが妄想にも技術が必要で、ファンタジーを求めるとイメージが追いつきませんし、リアリティを求めると楽しくありません。まずは身近なところから、例えば何度も読み込んだ物語の続編を考えてみるとか。生産性があるわけではないのですが、かなり頭を使いますし、使っている間はそこそこおもしろい気分に浸ることができます。

■一日のはじまりに、やるべきことがある喜び

79

ベッドではなく布団で寝る

家にずっといて、かつ自室にベッドがあると、いつでも体を横たえることができてしまいます。もちろん、寝るときは好きなだけ寝ていいのですが、寝なくてもいいときにダラダラと横になってしまうのはどうでしょうか？　のんびりと心身を休めるにしても、寝転ぶ以外の方法を探したほうが、楽しいように感じます。やはり、ベッドよりも布団のほうが、起きるたびに畳むということができるため、めりはりのあるのんびりがデザインできるような気がします。

第 3 章

自殺しない未来をつくる

■飽きるまでやるのも努力

80

「飽きるタイミング」を見つける

次は自殺しない未来を手に入れる段階に移ります。まずは家にいることに飽きましょう。「外に出るぞ」と決意するのではなく、「家にいるのもそろそろ飽きたな」と思えるタイミングを見つけるのです。きっかけは何でも構いません。たまには生でプロ野球の試合を見てみたい、美術館にでも行こうかな、散歩がてら海でも眺めようかな……コンビニに出かけるレベルよりもちょっと遠い、行動する目標のようなものをぼんやりと育てられたら、それが契機になります。まあ、とくに意識せずともゲームにせよアニメにせよ、ずっと味わっていればだいたいいつか飽きます。その瞬間を見落とさなければ大丈夫。

■「ないもの」などない

81

ないものを探す

見えないものを見ようとするのは難しい業ですが、情報に頼らずポツンと思考を巡らせれば、自分にないものがぼんやりと見えてくると思います。カタチのないものは探しにくいですが、物理的な存在なら見つけやすいはず。遠出するための靴かもしれないし、身だしなみを整えるグッズなんかも不足しているかもしれません。ないものを見つけ出す作業は、外への欲求につながります。自分の力で探してみましょう。

■転べるうちに転んでおこう

82

転んでみる

外に出ようとする前に、まずは転ぶ練習をしておきましょう。柔らかい畳の上か、あるいは布団でも敷いておいて、ぐらりと傾いてから前のめりに転ぶ。不自由な自分を肉体そのもので自覚する練習です。柔道の受身のように、投げられてもケガはしないという現実を手に入れられれば、未来の痛みに怯えずにすむわけです。現実問題として、しばらくぶりに外に出てみると、なかなか肉体が思い通りに動かないことに驚くはずです。転ぶ鍛錬で鈍った身体感覚を磨いておきましょう。

■強い価値は「無関係」からこそ芽吹く

83

募集していない会社に履歴書を送る

肉体的に転ぶ練習が済んだら、社会的に転んでみましょう。手始めに、別に社員を雇おうとは思っていない会社に履歴書を送ってみるのはどうでしょうか。相手は真剣に働いているわけですから、もちろん出す際にはこちらも真面目に。募集していないと知りつつも、どうしてもそちらで働いてみたいと思ったので履歴書を送らせていただきましたと前書きして、誠意を見せます。九分九厘、採用されないでしょう。募集してないのになんで応募してくるんだと訝しまれ、無視されることすら考えられます。が、今はそれでいいのです。

■断られるということは見てもらえたということ

84

断られることを楽しむ

世の中の大半はあなたの思い通りになりません。ですが、それが普通です。前述の履歴書のように、希望が叶わないことを意図的に経験すれば、かえって生きる耐性がつきます。例えばハンバーガー屋さんで「バンズを焼かないで欲しいんですが」と頼んでみましょう。断られるかもしれません。断られたら、なぜそれができないのかを考えてみましょう。そうすると社会の仕組みがいろいろと見えてくるはずです。あるいは「どんなことなら断られないか」を推測することもできます。断られる経験こそが、自分と社会の接点を教えてくれるのです。そのうち、断られることが楽しみに変わるはずです。

■迷ったほうが前に進める

85

道に迷う

ちょっと外に出て、あてもなく歩いてみましょう。電車に乗って、知らない駅で降り、知らない土地をあてもなく小一時間も歩けば、道に迷うことができます。現代の日本であれば、まず行き倒れになることも考えにくいですし、のんびり迷ってみましょう。すると、世の中にはあなたと特段の関係を持たない世界があり、なおかつびっくりするぐらい広い規模で存在することがわかります。つまり、あなたの知っている世界が狭かったことが、道に迷えば判然とするわけです。未知がどうしようもないくらい大量にあるとわかれば、焦りも消えます。焦ったところで、すべてを知り尽くすことなんて不可能ですからね。

■目的を持たない歩みは美しい

86

うろつく

もっとも、道に迷うにも勇気がいります。馴れないうちは、散歩をしてみるぐらいがちょうどいいかもしれません。近所をうろつき、目的もなく体を移動させ、飽きたら帰る……最近はふらふら歩いているだけでも不審者に思われることもあるそうですが、まあ、気にしない。あなたに悪意さえなければ、誰からどう思われたところで、失うものはありません。重要なのはうろつくことが導く発見です。案外、知っていたつもりの近所でも、見落としていた世界があるものです。特に一定期間家にこもっていたならば、変化にもたくさん気づけるはずです。その発見を外と出会う糧にすれば、ゆるやかに外と自分をつなぐことができるようになります。

■同じ「軽作業」でも日雇いのほうが気楽

87

日雇いバイトを探す

たまには働いてみましょう。オススメは日雇い労働。いろいろな仕事を経験できるところが長所です。派遣バイトなどに登録すると、それこそ毎日のように違う現場に出かけることができます。知らない世界にたくさん出会えるわけです。判で押したような日常に復帰する自信がないようなら、まだ道に迷い足りないようならば、日雇いバイトは最高の環境となります。

■五分前の自分で五分後の自分を縛るな

88

「ルール」をつくらない

安易に自分を律してはいけません。目標や制限は自分を縛ります。何かの能率は上がるのかもしれませんが、狭苦しい思いを味わうようなら逆効果。ルールをつくると、守れたら次も守らなければという重圧が、守れなければ自分を責める後悔が、わっと襲ってきます。外に出た瞬間、社会のさまざまなルールと出会うことになりますが……少なくとも自分でそのルールを増やすことはしたくないものです。

■未来は明るくも暗くもない

89

将来のことを考えない

考えてどうするんです？ 将来像を描くのは、ルールをつくること以上に自分の先行きを狭めます。イメージは大事ですが、それは目の前の現実を処理するときだけ使いましょう。将来のことを考えても、不安しか芽生えません。そんなものをわざわざ思い描いて心細くなるくらいなら、今をしっかり味わう努力に時間を使ったほうが賢明です。

■苦労したお菓子はいつだって甘い

90

干し柿をつくる

将来のことを考えてもつまらないと切り捨てましたが、地に足の着いた未来ならば仲良くするのも楽しいものです。例えば干し柿をつくってみるとか。渋柿なら頼めばわけてくれる人は結構います。うまいこと調達できたら、枝とヘタを残して皮を剥き、焼酎に軽く浸してから熱湯で消毒。それから枝に紐を結んで、雨のあたらない軒先に吊るす。1ヶ月半ぐらいほったらかしにすると完成します。10年後の結果を夢見てワクワクし続けるのは不可能だと思いますが、少し先の未来なら期待に胸膨らませ続けることも難しくありません。慣れてきたらお味噌とか梅酒とか、もうちょっと時間のかかるものに挑戦するのもオススメです。

■急ぐと早く終わっちゃう

91

急がない

急ぐということは、結果に対するプロセスを可能な限り圧縮しようとする行為です。すると、その過程で自然とムダが減ってしまいます。発見のタイミングや思考のチャンスが失われていくわけです。激しい便意のときなんぞは、さすがに急いだほうがよいでしょうが、社会との接点を探す際には、急ぐべきではありません。ゆったり構えて、自分のペースで出会えるタイミングを探しましょう。

■まずは自分をだますことから

92

時計を五分遅らせる

九時だと思っていても、実は九時五分。時計を五分遅らせれば、あなたは社会よりも五分遅れて動くことができます。電車は乗り遅れるし待ち合わせには遅刻するし、メリットなんて一つもないように思えますがそんなことはありません。社会から五分遅れているということは、逆に考えれば社会はあなたより五分先を動いているということ。せっかくみんなが五分先を進んでくれているのです。先を往くものがどう振る舞い、どう考え、どうなったのか。五分先の未来をゆっくり学ぶチャンスと認識し、ゆったり生きる道標とさせてもらいましょう。

■貧困なイメージはますます対象を貧困にする

93

自分についてイメージしない

将来を語ること以上に危ないのが、自分をイメージすることです。妄想上ならばどうイメージしようと自由ですが、現実の社会において「他者から見える自分」をイメージしようとすると、その行為自体が枷になり、思考や行動が束縛されます。どうでもいいじゃないですか、どう見られようと。どれほどイメージを重ねても、相手はなかなかこちらの見て欲しいようには見てくれません。そこに執心しても、疲れるばっかりです。

■全力で生きている人は美しい

94

努力している人を尊敬する

自分に長期的なビジョンがないとしても、周囲の人がそうだとは限りません。もし目標に向かって計画的に生きる努力をしている人を見かけたら、まずその人をよく観察し、それからその努力を尊敬しましょう。そうすることでその人の努力の理由を探るのです。どんな目的で計画を建てたのか、どういったモチベーションで努力を継続できるのか……そうしたところからヒントを得られれば、毎日を生きる原動力として応用できるかもしれません。間違っても自分を卑下しないように。他人を見上げることでこそ、上を向いて歩けるのです。

■綺麗に靴を磨くのは意外と難しい

95

他人がやることをちょっと真似する

誰かと同じことはできません。能力が違いますし、経験値だって異なります。とりわけすごいなと思える人の行為は、おいそれと真似できるわけがありません。ですが、できないとわかりつつ、ちょっと真似してみるのは、相手と自分の差の発見につながります。もちろん真似しきれない自分を見つけて落ち込むのはダメです。そうではなく、他人と同じことができない自分をたくさん確認すればするほど、「自分には何ができるか」を考える機会が手に入るということです。オリジナリティは何もないところからは生まれません。できないことをずらり並べて、初めて個性という可能性が芽生えるのです。

■誰かを応援すると自分の居場所が見つかる―ような気になる

96

スポーツの試合を観に行く

できないことを確認する最良の手段は、「プロ」を知ること。プロ野球やＪリーグの試合を観戦したり、あるいはアイドルやミュージシャンのライブなどに出かけたりすれば、真似できないプロのプレーをたくさん感じることができます。その事実を確認したら、今度は周囲を見渡してください。あなたは、自分が大多数の「できない集団」の一人だと気づけるはずです。自分と他人を向き合わせるのは簡単ですが、そこでの「自分」は他にも大勢いるのだと知っておくと、思い悩む場面も少なくなります。もう一歩進んで、応援したり喜んだりすることも「大勢いる自分」だからこそできるのだと知れば、なおさら集団に溶け込めるようになります。

■性欲は絶やすな

97

セックスしたいと思う相手を見つける

「誰でもいいからセックスしたい」では単なる性欲の吐露ですが、「この人とセックスしたい」と考える態度は､相手を尊敬しないと生まれません。おそらく動物として生きる最大の理由が種を残すことにあるのでしょうから、具体的な相手を思い描いた段階で、本能の奥底で「この相手とつくる子孫ならよいのでは！」と思考しているのだと思います。とりもなおさず、それは生きる最大の理由に強い具体性を与えていることの証明です。自殺には自分しかいませんが、セックスには相手がいます。この思考に到れるのならば、もう自殺の危険はだいぶ薄まったと言えるかもしれません。

■ 無理に囲まれるという安寧

98

できないことをどんどんつくる

まあ、セックスしたいと思う相手を見つけたとしても、セックスできるとは限りません。できないことは今もこれからもたくさんあります。でも、できないからといって絶望したり悲嘆にくれたりするのは間違いです。できないなら、あきらめることができます。あきらめたら、新たなできないことを探すチャンスが生まれます。簡単にゴールしてしまうのではなく、できないことをどんどん見つけながら、のんびりと時間を使っていきましょう。それが今とこれからを生きていく、大事な思考なのだと思います。

■生きることは明日も続く

99

終わらせない

ピカソにも手塚治虫にもドストエフスキーにも未完の作品があります。死ぬ間際までつくり続けていたからこそ、終わっていない作品が存在するのです。そして表現者としての彼らは、その作品も含めて、終わりをむかえるどころか、今日でもしっかりと生き続けています。「表現者として生きることを死ぬまで終わらせなかった」からこその業績です。まあ、死後はさておき、少なくとも生きているうちは彼らを見習って、「あなたがあなたとして生きることを終わらせない」ようにしましょう。実現可能な将来像を設計し、そこに到達したと喜ぶのではなく、できないことだらけの現実を受け止め、失敗したり苦しんだりしつつ、安易な幕引きに頼らない生活を送る。「やりたいことはまだまだいっぱいあるのに……」と言える最期を迎えられる日がくれば、それは自殺しない生き方をした、究極の証明になるでしょう。

自殺しないための99の方法

2015年7月20日初版第1刷発行

著者……………… 川崎昌平

装幀……………… 安藤公美（井上則人デザイン事務所）

企画・編集……… 松本崇明

発行人…………… 原田修

編集人…………… 井熊勝博

発行所…………… 株式会社 一迅社
〒160-0022
東京都新宿区新宿 2-5-10 成信ビル8F
[編集部] 03-5312-6131
[販売部] 03-5312-6150

印刷・製本……… 大日本印刷株式会社

Printed in Japan　ISBN978-4-7580-0860-0